Débu

Les a
nocturnes

Susan Meredith
Maquette : Nicola Butler et Josephine Thompson

Illustrations : Patrizia Donaera
et Adam Larkum
Expert-conseil : Margaret Rostron

Pour l'édition française :
Traduction : Lorraine Beurton-Sharp
Rédaction : Renée Chaspoul et Anna Sánchez

Photos : (page de couverture) un loir, (ci-dessus) un écureuil-volant

Sommaire

Une vie nocturne

Des milliers d'animaux s'activent la nuit. Ce sont les animaux nocturnes.

Les ratons laveurs restent éveillés toute la nuit.

Des festins de nuit

Les animaux nocturnes mangent dans l'obscurité. La nuit, ils trouvent davantage de nourriture ou se sentent plus en sécurité.

Le léopard attend qu'un animal passe.

Il bondit sur lui et le tue avec ses crocs.

Il traîne sa proie jusque dans l'arbre et la dévore.

Les douroucoulis mangent des fruits. Ils font leur cueillette tandis que les autres singes dorment.

Les gros oiseaux peuvent attaquer les koalas. Alors, les koalas mâchonnent des feuilles la nuit, pendant que les oiseaux dorment.

Les galagos

Les galagos sont des animaux nocturnes qui vivent dans les arbres.

Ils courent et sautent de branche en branche.

Le galago bouge ses oreilles pour savoir d'où viennent les bruits.

S'il entend un insecte, il le saisit en vol et le mange.

Une mère galago porte son petit dans sa gueule.

Elle le laisse agrippé à une tige et va chercher de la nourriture.

La longue queue du galago lui sert de balancier dans les airs.

Les galagos peignent leur fourrure avec une longue griffe.

De grands yeux

La plupart des animaux nocturnes ont de grands yeux globuleux. Cela leur permet de voir dans l'obscurité.

Les tarsiers ont des yeux gigantesques.

Ce tarsier a attrapé un énorme insecte, mais il sait en repérer des minuscules aussi.

Les geckos ont les yeux grands ouverts pour voir dans le noir.

Les yeux des animaux nocturnes sont très sensibles à la lumière. Dans la journée, leurs pupilles se réduisent pour éviter la lumière.

En plein jour, les pupilles de certaines grenouilles forment une fente.

Les pupilles du tigre, elles, se réduisent à un point.

Le gecko ne voit que par quatre trous minuscules dans une fente.

L'ouïe et l'odorat

Ce n'est pas toujours facile de voir dans l'obscurité. Il est donc aussi utile de sentir et d'entendre.

Les oryctéropes ont de longues oreilles et un museau allongé.

Ils entendent les fourmis et flairent les fourmilières.

Avec leurs griffes, ils creusent la fourmilière...

et capturent les fourmis sur leur langue gluante.

Le monstre de Gila flaire et lèche le sol autour de lui pour savoir s'il y a de la nourriture.

Le fennec est le plus petit renard du monde, mais c'est celui qui a les plus grandes oreilles.

Il entend les souris, les lézards et même les insectes de très loin.

Chouettes et hiboux

Les hiboux sont des oiseaux chanceux. Ils mangent beaucoup de choses, mais personne ne les mange.

Cette chouette a de grandes ailes, qu'il lui suffit de battre légèrement.

Ses plumes sont douces et duveteuses. La chouette ne fait pas de bruit.

Elle s'abat sur sa proie, qui ne l'entend pas venir.

Les hiboux ont les yeux fixes, mais ils voient derrière eux car ils font pivoter leur tête presque entièrement.

Les hiboux voient et entendent très bien. Les oreilles de ce hibou ne sont pas là où on croit.

Au frais

Certains animaux ne supportent pas la chaleur du soleil. Ils sortent donc la nuit, quand il fait plus frais.

La nuit, les hippopotames paissent l'herbe.

Ils passent leur journée dans l'eau pour se rafraîchir et se couvrent de boue pour se protéger du soleil.

Les limaces sortent la nuit, sinon elles se déssécheraient et mourraient au soleil.

Les rats-kangourous vivent dans les déserts arides. Avec leurs pattes, ils creusent des terriers sous le sable. Il fait plus frais sous terre.

La nuit, ils se déplacent par bonds, comme les kangourous.

Ils ramassent des graines et les stockent dans la bouche.

Ils les vident dans le terrier et les mangent le lendemain.

Le jour

La plupart des animaux nocturnes ne sortent pas dans la journée, ils dorment.

Les loirs se font des nids d'herbe pour dormir.

Noisette à manger

Les blaireaux vivent sous terre.

Ils portent leur litière sous le menton et la sortent parfois au soleil.

Les paresseux passent leur vie suspendus tête en bas dans les arbres. Ils dorment même ainsi.

Ils bougent si peu que des plantes poussent dans leur pelage.

Le camouflage

Les animaux nocturnes doivent être à l'abri lorsqu'ils dorment le jour. Leurs prédateurs ne doivent pas les voir.

Le sphynx de la vigne est plus difficile à voir au repos, car il se pose sur des plantes rose et vert.

Si l'opossum est en danger, il fait semblant d'être mort pour que ses ennemis l'ignorent.

Tu vois ici une rainette arboricole qui se cache sur les feuilles pendant la journée.

Si elle est dérangée, ses yeux et ses pattes rouges effraient les prédateurs.

Cet oiseau est un podarge. Il se confond avec la branche grâce aux motifs sur ses plumes.

Chauves-souris

La chauve-souris est un mammifère volant qui ne voit pas très bien.

Certaines chauves-souris mangent des insectes. Elles les trouvent en utilisant leurs oreilles d'une manière particulière.

La chauve-souris émet des ultrasons en volant.

Ces sons vont heurter un insecte, qui les répercute.

La chauve-souris entend l'écho, localise l'insecte et le capture.

La chauve-souris frugivore
sent un fruit mûr de très loin.

Elle le mange, suspendue tête en bas.

Certaines chauves-souris mangent du poisson, qu'elles attrapent dans l'eau avec leurs griffes.

Des bruits nocturnes

La nuit, lorsque les gens dorment, les animaux communiquent entre eux.

Les loups reconnaissent le hurlement de chacun des leurs.

Ils échangent des hurlements avec les autres loups de la meute et grognent pour décourager les intrus.

Les douroucoulis n’aiment pas que d’autres singes s’approchent. Ils crient beaucoup jusqu’à ce qu’ils partent.

Un grillon mâle stridule en frottant ses ailes l’une contre l’autre.

Une femelle aime son chant et vient le rejoindre.

Messages lumineux

Certains animaux nocturnes ont des manières étranges d'envoyer des messages.

Les lucioles brillent comme des lumières pour s'envoyer des signaux. Cet arbre est plein de lucioles.

La lumière provient de l'abdomen de la luciole.

Les grenouilles qui mangent trop de lucioles deviennent luisantes.

L'idiacanthus a un appendice lumineux qui se balance sous la bouche. Les crevettes viennent regarder et se font manger.

Les vers luisants femelles émettent une lumière.

Celle-ci attire les mâles, qui volent les rejoindre.

Les hérissons

Les hérissons chassent leur nourriture la nuit, quand les insectes, les vers et les limaces sortent.

Le hérisson renifle les vers, puis il les déterre.

Si un renard arrive, le hérisson s'enroule comme une boule de piquants.

Le renard a faim, mais il n'aime pas les piquants, alors il s'en va.

Ces bébés hérissons
ont seulement
quelques jours.

Ils n'ont pas encore ouvert les
yeux, et leurs piquants sont mous.

Si une vipère attaque un hérisson,
les piquants peuvent la tuer.

Nuit et jour

Certains animaux sortent aussi bien le jour que la nuit.

Les tigres et autres grands félins chassent surtout la nuit. Les plus petits félins aiment faire de même.

Les yeux du chat brillent dans l'obscurité.

Les kangourous sont principalement des animaux nocturnes, bien qu'ils se chauffent au soleil dans la journée.

Les lapins ont trop chaud le jour et trop froid la nuit.

Ils sortent juste à la tombée de la nuit ou au lever du jour.

Avant, les renards sortaient seulement la nuit pour trouver d'autres animaux à manger.

Maintenant, ils sortent aussi le jour pour manger les déchets que les gens laissent derrière eux.

Vocabulaire

Voici la liste de quelques-uns des mots utilisés dans ce livre, avec leur définition. Peut-être ne les connais-tu pas.

Nocturne : éveillé et actif la nuit. Les animaux nocturnes dorment le jour.

Chasser : chercher, attraper et tuer des animaux, en général pour se nourrir.

Museau : partie allongée de la face d'un animal, formée du nez et de la bouche.

Griffe : partie dure, recourbée et pointue au bout des doigts des animaux.

Terrier : trou ou tunnel qu'un animal creuse dans le sol pour y vivre.

Mâle : être vivant qui peut devenir père. Les garçons et les hommes sont des mâles.

Femelle : être vivant qui peut devenir mère. Les filles et les femmes sont des femelles.

Sites Web

Si tu as un ordinateur, tu peux chercher sur Internet d'autres informations concernant la vie des animaux nocturnes. Voici quelques sites auxquels tu peux te connecter :

Site 1 : Tu trouveras un lien sur les chouettes et les hiboux, et comment les différencier. Un autre lien te fournit des informations supplémentaires sur la vie des hérissons. Le tout illustré de photos.

Site 2 : Découvre quatre lémuriens (des animaux nocturnes), dont le galago.

Site 3 : Pour mieux connaître cette drôle de grenouille aux yeux rouges qui vit dans les arbres.

Site 4 : Découvre cet animal fascinant qu'est la chauve-souris à travers une galerie de photos.

Pour te connecter à ces sites, va sur **www.usborne-quicklinks.com/fr**, clique sur le titre du livre, puis sur le lien du site Web qui t'intéresse. Avant de commencer à utiliser Internet, lis les conseils de sécurité donnés à la fin du livre et demande à un adulte de les consulter avec toi.

Index

Remerciements

Rédactrice en chef : Fiona Watt, Directrice de la maquette : Mary Cartwright
Manipulation photo : John Russell, Emma Julings et Zoe Wray

Crédit photographique

Les éditeurs remercient les personnes et organismes suivants pour l'autorisation de reproduire leurs documents : © **Alamy Images** : 13. © **Bruce Coleman** : 8 (Alan Compost), 20, 28 (Kim Taylor). © **Corbis** : 1 (Joe McDonald), 3 (W. Perry Conway), 16 (George McCarthy), 19 (Staffan Widstrand). © **FLPA-Images of Nature** : 11 (A. Christiansen), 17 (Foto Natura Stock), 18 (Chris Mattison), 21 (Albert Visage), 22 (Mark Newman). © **Getty Images** : 5 (Gary Bell), 9 (JH Pete Carmichael), 29 (Jonathan Gale). © **Heather Angel** : 25 (Peter David). © **Nature Picture Library** : 25 (David Shale). © **NHPA** : 6-7 (Stephen Dalton), 14 (Christophe Ratier), 24 (Dr Ivan Polunin). © **Oxford Scientific Films** : Couverture (Owen Newman), 10 (Alan Root/SAL), 15 (Doug Bertran/SAL). © **Science Photo Library** : 23 (Gregory Dimijian). © **Warren Photographic** : 27 (Jane Burton). Photo page 31 : Tim Flach.

Tous les efforts ont été faits pour retrouver et remercier les propriétaires de copyright. L'éditeur s'engage à rectifier toute omission éventuelle, s'il en est informé, dans toutes rééditions à venir.